C'EST LA FAUTE DU MARI

COMÉDIE

Représentée pour la première fois, à Paris, à la COMÉDIE-FRANÇAISE,
1er mai 1851.

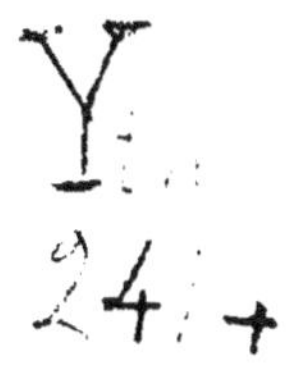

ŒUVRES COMPLÈTES

DE

MME ÉMILE DE GIRARDIN

Format grand in-18

— SEULE ÉDITION COMPLÈTE —

LAGNY. — Typographie de VIALAT.

C'EST LA FAUTE

DU MARI

COMÉDIE

EN UN ACTE, EN VERS

PAR

Mme ÉMILE DE GIRARDIN

DEUXIÈME ÉDITION

PARIS

MICHEL LÉVY FRÈRES, LIBRAIRES-ÉDITEURS

RUE VIVIENNE, 2 bis

—

1858

PERSONNAGES.　　　　　　　　ACTEURS.

Le comte D'HAUTERIVE...................	MM. Maillart.
FERNAND, pupille du comte...............	Delaunay.
JUSTIN, valet du comte...................	Monrose.
La marquise D'ARCUEIL...................	Mme Allan.
LAURENCE, femme du comte...............	Mlles Favart.
JENNY, femme de chambre de la marquise...	Bonval.

———————

La scène se passe en 1841.

C'EST LA FAUTE DU MARI

Le petit salon d'un château : au fond, une galerie ; à droite et à gauche, portes ;
une porte-fenêtre donnant sur le jardin.

SCÈNE PREMIÈRE.

LE COMTE, seul. (Scène muette.)

(Il est en veste de chasse, il se promène dans la galerie d'un air soucieux ;
de temps en temps, il entre dans le salon, il écoute, et regarde. — Il
pousse un fauteuil avec impatience, donne un coup de pied à un tabouret
qu'il fait rouler au loin, et puis il recommence à se promener.)

SCÈNE II.

LAURENCE, seule, en négligé de matin.

(Elle entre lentement ; elle tient à la main un dahlia qu'elle va poser

dans un vase.)

LAURENCE.

Oh ! le beau dahlia !.. les brillantes couleurs !
Quel écrin ! quel trésor pour un peintre de fleurs !..
S'il n'était pas si tard, je le copierais vite.
                (Le comte traverse la galerie.)
Mon mari va me dire...
                (Elle se tourne vers lui et l'appelle.)
                Edgard !.. mais il m'évite ;
Il est plus que jamais maussade maintenant.
(Elle se lève et range ses dessins. — Elle aperçoit un porte-crayon sur la
table.)
Ah ! le porte-crayon de Fernand... de Fernand !..
(Elle reste un moment rêveuse à regarder le porte-crayon, elle le met dans
sa poche. — On entend sonner une cloche.)
Le déjeuner !... Adieu, pinceaux, fleurs et palette.
A peine ai-je le temps d'achever ma toilette.
Je vais être grondée.
                (Elle sort en courant.)

SCÈNE III.

LE COMTE, seul.

Elle n'est plus ici...
Est-ce donc un bonheur qu'un soupçon éclairci ?
Pourquoi donc tant chercher la clarté qu'on redoute ?..
(Apercevant le dahlia.)
Que fait là cette fleur?.. C'est un signal, sans doute !
Cela m'éclaire... Eh bien ! en suis-je plus heureux?...
Je sais!.. Oui, cette fleur est un langage entre eux...
Cela veut dire : « Ici, ce soir, venez m'attendre... »
Mais non, non... c'est trop tôt... ils ne peuvent s'entendre !
Fernand, qui me doit tout !.. Oh ! ce serait bien mal !..
En tout cas, mes amis, cherchez votre signal...
(Il met l'énorme dahlia dans la poche de sa veste, et sort par la galerie.
— Pendant que le comte s'éloigne, Justin ouvre à deux battants la porte
de droite.

SCÈNE IV.

JUSTIN, ensuite LA MARQUISE.

JUSTIN, annonçant à haute voix.
Madame la comtesse est servie... Ah !...
(Il fait une pirouette.)
LA MARQUISE, regardant autour d'elle.
Personne...
(A Justin.)
Mais, c'est le déjeuner, n'est-ce pas, que l'on sonne ?
JUSTIN.
Oui, Madame.
LA MARQUISE.
Je suis exacte par hasard...
Et moi qui, bonnement, me croyais en retard.
(A Justin.)
Madame d'Hauterive est souffrante, peut-être?
JUSTIN, désignant la fenêtre.
On l'aperçoit d'ici.
LA MARQUISE, regardant du côté du jardin.
Rêveuse, à sa fenêtre.
Oui...

(A Justin.)
Monsieur d'Hauterive est parti pour Vernon?
JUSTIN.
Mais... je viens de le voir aussi dans ce salon.
(Justin sort.)
LA MARQUISE.
Cette absence est étrange, et cache quelque chose...
Leur trouble est évident; j'en connaîtrai la cause.
Edgard n'est pas heureux... Ah! je méritais bien
Son bonheur... Son bonheur... hélas! pour prix du mien.
Mais qui peut donc troubler ce ménage modèle?
Edgard est-il jaloux... ou plutôt infidèle?
Est-ce un chagrin d'amour? est-ce un chagrin d'argent?
(Elle s'assied à la place où était Laurence.)

SCÈNE V.

LA MARQUISE, FERNAND.

FERNAND, prenant la marquise pour Laurence. — Il pose son chapeau
sur la table, il ôte ses gants.
J'ai brusqué mon retour... Messager diligent,
J'ai vu tous vos amis... N'accusez pas mon zèle ;
Mais je mourais d'ennui.
LA MARQUISE.
Fernand!
FERNAND, à part.
Ce n'est pas elle !
(La marquise lui tendant la main.)
Et ce qui m'a trompé, c'est sa petite main.
LA MARQUISE.
On ne vous attendait au château que demain ?
FERNAND.
On ne m'attend jamais au château, j'y demeure.
LA MARQUISE.
Ah ! vous y demeurez!...
(A part.)
Il disait tout à l'heure
Qu'il se mourait d'ennui... C'est juste, et j'aurais dû
Deviner à sa phrase un esclave assidu.

SCÈNE VI.

LA MARQUISE, FERNAND, LAURENCE, ensuite
LE COMTE.

LAURENCE.

Madame, que je suis désolée et confuse
De descendre si tard! mais j'avais une excuse.
Une pauvre malade à soigner...

(Apercevant Fernand.)
Ah! c'est vous!...

LA MARQUISE, à part.

Dieu! comme ils sont troublés!... Bien! Edgard est jaloux!

LE COMTE, entrant d'un air dégagé.

Je demande pardon... seulement pour la forme...
Vous faire attendre, vous!... serait un crime énorme...
Mais je suis innocent; j'étais accaparé
Par notre révérend, notre excellent curé.

(Il aperçoit Fernand ; d'abord il paraît contrarié, puis il lui tend la main.)

LA MARQUISE, à part.

Ils mentent bien tous deux!... J'aime cette manière.

LE COMTE, à la marquise.

Dites, n'avez-vous pas rêvé, la nuit dernière,
Des pâles revenants de notre vieux manoir?

LA MARQUISE.

Non! non!...

LAURENCE, à la marquise.
Vous paraissiez fatiguée hier soir?

LA MARQUISE.

Je me suis réveillée, étonnée et ravie,
En voyant ce beau lac. Comme je vous l'envie!
Moi qu'on a ruinée en aqueducs romains!

LE COMTE.

Mais vous avez de l'eau chez vous?...

LA MARQUISE.
Dans nos chemins.

LAURENCE.

Puisque ce lieu vous plaît, pourquoi partir si vite?
Ce lac que vous aimez, ce ciel, tout vous invite
A rester...

LA MARQUISE.

Et ma fille !...

LAURENCE.

Eh bien ! écrivez-lui,
Et le dernier convoi nous l'amène aujourd'hui.

FERNAND.

Par le chemin de fer !... Elle est beaucoup trop belle.
Et...

LE COMTE, à la marquise.

Je vous le dénonce, il est amoureux d'elle !

FERNAND.

Et ce débarcadère immense à traverser
S a   vous, sans vous !

LA MARQUISE.

Ma sœur pourrait me remplacer.

FERNAND.

Une tante !.. c'est peu...

(Justin ouvre la porte de la salle à manger.)

LE COMTE.

Vous causerez à table,
Le déjeuner attend, il sera détestable.

(Il offre le bras à la marquise.)

Elle a raison, restez... Demandez à Justin...

(Justin s'approche, on l'interroge.)

JUSTIN.

Oui, ces dames seraient ici demain matin.

(La marquise parle à Justin ; pendant ce temps, Fernand et Laurence causent
ensemble ; le comte les observe.)

FERNAND, bas à Laurence.

Ah ! j'ai fait tout à l'heure une lourde bêtise ;
Quand je suis arrivé, là... Je l'ai vue assise,
J'ai cru que c'était vous... et, sans penser à rien,
J'ai dit ce que j'aurais dit à vous-même...

LAURENCE.

Eh bien ?

(Fernand baisse les yeux tristement comme quelqu'un qui vient de se trahir.)

LAURENCE, bas à Fernand, désignant la marquise.

Vous la connaissez ?...

FERNAND.

Oui... sa fille est bien jolie.

(Laurence tire de sa poche le porte-crayon de Fernand ; elle le lui montre ;
il s'empresse de le prendre et la remercie.)

LE COMTE, à part, les observant.
Elle trouve toujours ce que Fernand oublie !

SCÈNE VII.

JUSTIN, JENNY, un chapeau de paille à la main.

JUSTIN, allant chercher Jenny qui entre par la porte du jardin.
Venez vous reposer ici quelques moments,
Madame.... et visitons les grands appartements.

JENNY, hésitant à entrer dans le salon.
Plus tard... le déjeuner ne doit pas vous permettre...

JUSTIN.
Si fait...; je suis en course, et je porte une lettre...

(Il conduit Jenny à droite et à gauche.)
Ceci c'est le billard, et çà c'est le salon.

JENNY, se moquant de lui.
Ceci c'est la montagne, et ça c'est le vallon.
Est-ce que par hasard, vous me croiriez novice ?

JUSTIN, avec respect.
Non... seulement je veux mettre à votre service
Quelques renseignements.

JENNY.
Ah ! c'est trop de bonté !
Vous faites trop d'honneur à ma naïveté.
Je puis me diriger ici tout comme un autre,
Et ce château superbe est moins grand que le nôtre.
Mais, qu'on a de plaisir à vous interroger !
Cette pièce où l'on dîne?... — Est la salle à manger.
Voilà de beaux chevaux !... — Oui, c'est là l'écurie.
Voilà d'excellent lait!... — Oui, c'est la laiterie.
Vous m'apprenez encore, avec le même soin,
Que c'est dans le grenier que l'on rentre le foin.
Cet étang ?... C'est un lac. — Cet oiseau ?... C'est un cygne.
Et ce pont ?... C'est un pont d'où l'on pêche à la ligne.
Les légumes sont là tous dans le potager;
Les fleurs, dans le jardin ; les fruits, dans le verger !
On me fait visiter toute la métairie,
Grange, moulin, pressoir, étable, bergerie.
Il me faut caresser les agneaux et leur chien.
Vous êtes sans pitié, vous ne m'épargnez rien.

Eh ! depuis quand a-t-on, sans domaine, sans terre,
Le droit d'être ennuyeux comme un propriétaire.
JUSTIN.
Ma foi, depuis vingt ans je suis dans la maison,
Je m'en crois à peu près le maître, et j'ai raison.
Monsieur le comte et moi n'avons qu'une pensée.
A son destin changeant ma vie est enlacée.
Quand il souffre, je souffre, et quand il rit, je ris ;
Je marche de travers chaque fois qu'il est gris ;
Dans tous ses sentiments, je me mets à sa place :
Quand il est en fureur contre moi, je me chasse !
A ses moindres succès, je prends un air flatté.
Sa femme, qu'il adore, est ma divinité.
Faut-il vous dire, enfin, à quel point je suis bête ?..
Quand je le vois jaloux, je me tâte la tête !..
JENNY.
Mais il est donc jaloux ?
JUSTIN.
Je le crains franchement.
Il boit peu, mange mal, il gronde à tout moment ;
Il ne dort presque plus ; dès la naissante aurore,
Il erre dans les champs ; le soir, il erre encore :
Il traîne au bord du lac ses pas lents et distraits ;
Il s'enfonce en rêvant dans l'ombre des forêts...
Et tout cela trahit quelque secrète peine !...
JENNY.
Comment ?
JUSTIN.
Je n'aime pas qu'un mari se promène.
JENNY.
Eh ! contre quel rival se... promènerait-il ?
Qui poursuit la comtesse et vous met en péril ?
Point d'ami, point de tiers, dans ce jeune ménage.
Ici je ne vois rien.
JUSTIN.
Un nouveau personnage
Sur la scène bientôt va paraître à son tour ;
Il roucoule en ramier, mais ils plane en vautour !
Fernand de Charlesval...
JENNY.
Le pupille du comte !..

Ore... mais cet amour est un crime, une honte !
JUSTIN.
Sans doute, il nous doit tant !..
JENNY.
C'est une indignité !
Le duc de Charlesval l'avait déshérité...
JUSTIN.
En notre faveur, oui... loyauté peu commune,
Nous lui rendîmes tout, son titre et sa fortune.
L'ingrat ! Un tel oubli ne peut se pardonner.
Quoi ! nous l'avons fait duc et lui nous fait damner !
Fi !..
JENNY.
Je ne reviens pas encore de ma surprise.
JUSTIN.
Nous étions plus heureux du temps de la marquise...
JENNY.
Eh ! mon Dieu ! que dit-il ?
JUSTIN.
Son règne était si doux !
Jamais dans ce temps-là, nous ne fûmes jaloux !..
JENNY.
Madame, ma maîtresse... et le comte ?..
JUSTIN.
Mon maître...
Chut ! c'est un grand secret.
JENNY.
Je devrais le connaître ;
Je suis depuis trois ans...
JUSTIN.
C'est ancien.
JENNY.
Très-ancien.
JUSTIN.
Le bel amour ! Tenez,
(Montrant sa main.)
que voyez-vous là?..
JENNY.
Rien.
JUSTIN.
Cette blessure... là... c'est la dent d'une louve.

Voilà du dévoûment!..
JENNY.
Et qu'est-ce que ça prouve?
JUSTIN.
Ça prouve?.. que mon maître aimait bien cette fois,
Et que, pendant l'hiver, les loups sortent des bois.
Un soir que je portais sa lettre parfumée,
J'ai failli régaler une louve...
JENNY, le regardant avec un dédain moqueur.
Affamée.
JUSTIN.
Oui... c'était chaque jour quelques dangers nouveaux.
Il me faisait courir et par monts et par vaux,
Dans la neige, la nuit, par des temps effroyables :
Le propre des amants, c'est d'être impitoyables ;
Aussi, je m'y connais, et je juge toujours,
Au cas qu'il fait de moi, du feu de ses amours...
Naguère, il s'avisa d'aimer dans la province,
Une assez belle femme, œil vif et taille mince...
Il écrit un billet. — « Tiens, porte-le ce soir. »
Puis, regardant le ciel : — « Je crois qu'il va pleuvoir ;
« Tu n'iras que demain. » O symptôme! pensai-je,
Toi qui m'as fait trotter tant de fois dans la neige ;
Toi qui fus de ma peau toujours si généreux,
Tu me ménages!.. Va, tu n'es pas amoureux !
JENNY.
Ah! Madame elle-même a sa petite histoire!..
Et moi qui la croyais !..
(Attitude superbe ; pose de la vertu.)
JUSTIN, imitant cette pose.
Oh! vous pouvez la croire.
JENNY.
Qu'en savez-vous?
JUSTIN.
L'amour cache mal ses revers ;
On voit mieux le tissu d'une étoffe à l'envers ;
Et de ma place on voit le vrai côté des choses.
Par les petits effets j'apprends les grandes causes.
Jugez-en... On nous donne un soir un rendez-vous.
Nous partons au galop, joyeux comme des fous,
Ah! dans un pavillon, on attendait le comte ;

Sur le perron fleuri la porte s'ouvre; il monte.
Moi, je reste à la grille à guetter les rivaux.
Comme un vieux philosophe, avec mes deux chevaux
J'étais tout résigné; mais, au bout d'un quart d'heure,
La marquise paraît... elle est pâle, elle pleure...
Le comte est furieux... il me crie : Animal!
Viendras-tu donc!.. Et puis, il repart... Ça va mal,
Me dis-je en gravissant la route tortueuse;
Il m'appelle animal... donc... elle est vertueuse...

JENNY.

Mais depuis...

JUSTIN.

Rien... Le comte, en s'avouant battu,
A fièrement porté ce guignon de vertu.
Et maintenant elle aime?..

JENNY.

Elle aime...

JUSTIN.

Qui?..

JENNY.

Sa fille.

JUSTIN.

Elle est gentille?

JENNY.

Ah!

JUSTIN.

Non?

JENNY.

Elle est plus que gentille.
Mais c'est une merveille, un astre de beauté...
Quand un peintre la voit, il en reste hébété...
Des traits nobles et purs, un sourire céleste.
On dirait une reine, une reine modeste...
Des grands yeux de gazelle et des dents de souris...

JUSTIN.

Et puis riche...

JENNY.

On n'est pas en peine de maris.
Chacun vient l'admirer comme une belle idole.

JUSTIN.

C'est doux pour une mère !

JENNY.

        Ah ! Madame en est folle ;
Elle ne pourrait vivre un seul jour sans la voir,
Et, malgré tous vos vœux, nous partirons ce soir.

JUSTIN.

Mais je cours la chercher, cette fille adorée,
Et vous allez un mois embellir la contrée.

JENNY.

Ah !

JUSTIN.

    Je compte sur vous, sur ce coup d'œil si fin,
Pour m'aider à mener mon œuvre à bonne fin ;
Pour m'aider à calmer, à consoler mon maître...

JENNY, indignée.

Monsieur... vous me prenez pour une... autre...

JUSTIN.

                            Peut-être.

Mais je ne voulais pas vous faire cet affront,
Et je trouve en cela votre esprit un peu prompt.
On ne vous force point d'être si charitable,
Il s'agit seulement...

        (On entend un bruit de chaises dans la salle à manger.)
            Mais, vite, on sort de table.
                    (Ils sortent précipitamment.)

SCÈNE VIII.

LA MARQUISE, LE COMTE.

LE COMTE.

Eh bien ! c'est convenu, vous nous donnez un mois,
Et je vais retrouver mes beaux jours d'autrefois.
Car vous me les rendrez, mes heureuses années,
Ces fleurs de mon passé que je croyais fanées.

LA MARQUISE.

Ah ! ne me parlez pas, s'il vous plaît, du passé !

LE COMTE.

Il est donc mort pour vous ?

LA MARQUISE.

                    Plus : il est effacé.

LE COMTE.

Je ne puis l'oublier, quand tout me le rappelle ;
Lorsque je vous revois plus brillante et plus belle

Que jamais...

LA MARQUISE.
Oh ! je pars pour ne plus revenir.
LE COMTE.
Quoi ! pas même un regret, l'ombre d'un souvenir ?
LA MARQUISE.
Avez-vous parié de me mettre en colère ?
LE COMTE.
On a le droit d'aimer tant qu'on a l'art de plaire.
LA MARQUISE.
On a le droit d'aimer, Monsieur, tant qu'on se croit
Divine, ravissante... et j'ai perdu ce droit.
Non, non, j'ai de l'amour une trop haute idée
Pour n'offrir à ses feux qu'une beauté ridée.
Je m'arme contre lui d'un courage moqueur,
Je mets tout mon orgueil à défendre mon cœur ;
Car tout est sérieux, hors l'amour, à mon âge,
Et comme je ne puis en faire un badinage,
Comme je rougirais du caprice d'un jour,
Je ne veux plus aimer, par respect pour l'amour.
LE COMTE.
Vous êtes sans pitié pour vous.
LA MARQUISE.
C'est ma nature.
LE COMTE.
Mais expliquez-moi donc... notre... propre aventure...
Oui... ce cruel affront que je n'ai point vengé...
Me donner rendez-vous... pour me donner congé !..
C'est un trait des plus noirs, un tour impardonnable ;
Le matin exaltée... et le soir raisonnable !..
Dire : Venez ! et puis, me chasser comme un sot !
Quel grand événement vous a changée ?
LA MARQUISE.
Un mot.
LE COMTE.
Et de qui ?
LA MARQUISE.
De ma fille... Ah ! qu'elle a de puissance,
La voix d'un pauvre enfant !
LE COMTE, avec ironie.
La voix de l'innocence.

LA MARQUISE.

Ne riez pas: souvent, Messieurs, sans le savoir,
Vous êtes détrônés par ce faible pouvoir ;
Et plus d'un Richelieu, dans ses bonnes fortunes,
A maudit d'un marmot les frasques importunes.
L'ennemi naturel du héros triomphant,
Ce n'est pas le rival, le mari... c'est l'enfant.
Le séducteur attaque... il minaude, il cajole...
L'enfant, pour nous sauver, attrape la rougeole...

LE COMTE.

Peste !

LA MARQUISE.

Le séducteur s'enfuit, épouvanté.
Grâce à nos soins, l'enfant recouvre la santé...
Le séducteur revient... il tend une autre embûche...
L'enfant nous sauve encore avec la coqueluche ;
Il tousse bravement, et la nuit et le jour ;
Son effroyable toux effarouche l'amour.
En vain le séducteur s'enivre d'espérance,
L'enfant le bat toujours avec quelque souffrance ..
Tant qu'il voit le danger, il souffre sans repos...
Ses cris savent couvrir les plus charmants propos ;
Et lorsqu'après quinze ans, il cesse de se plaindre,
C'est qu'il comprend que nous... n'avons plus rien à craindre.

LE COMTE.

Je n'avais pas prévu cet ennemi sournois.
Ainsi, le fameux jour...

LA MARQUISE, avec émotion.

En entrant dans le bois
Qui touche au pavillon, comme j'ouvrais la grille,
Vous savez... j'aperçus Marguerite, ma fille,
Avec sa gouvernante... et je pressai le pas...
« Où va-t-elle maman, qu'elle ne me voit pas ? »
S'écria-t-elle... Edgard, ce mot voulait tout dire...
Comme un souffle de mort, il glaça mon délire...
Il fit sur moi l'effet d'un divin talisman.
Que répondre à ce mot : « Où va-t-elle maman ? »
Moi, pour oublier tout, il faut que je m'oublie...
Voilà comment un mot, guérissant ma folie,
A changé notre amour en un crime odieux,
Et nos premiers serments en éternels adieux...

LE COMTE, à part.

Nous n'avons pas d'enfants, qui sauvera Laurence?
(Haut.)
C'est donc là le secret de votre indifférence?

LA MARQUISE.

Oui, c'est là l'ennemi qui vous a désarmé...
Allez, mon pauvre Edgard, je vous ai bien aimé...

LE COMTE.

Vous m'avez bien aimé?.. Donc, l'amour, cela passe?

LA MARQUISE.

Eh ! dans quelle Arcadie habitez-vous, de grâce?
Oui, l'amour passe. On dit qu'il ne dure qu'un jour.

LE COMTE.

Bien ; mais de quelle espèce était-il, votre amour?
Peignez-moi vos ennuis et l'état de votre âme.

(La marquise le regarde d'un air étonné.

Avec des yeux jaloux, vous voyiez toute femme?

LA MARQUISE.

Je voyais toute femme avec des yeux jaloux.

LE COMTE.

Vous ne pensiez qu'à moi?

LA MARQUISE.

         Je ne pensais qu'à vous.

LE COMTE.

Moi parti, vous tombiez dans des langueurs profondes?

LA MARQUISE.

Vous parti, je voyais disparaître les mondes!

LE COMTE.

Vous étiez très-émue à mon nom, à ma voix?

LA MARQUISE.

On me voyait rougir et pâlir à la fois.

LE COMTE.

Et vous reconnaissiez de très-loin sur la route
Le pas de mon cheval?

LA MARQUISE.

       De Kadidjah? Sans doute.

LE COMTE.

Vous preniez en horreur ceux qui me donnaient tort?

LA MARQUISE.

Moi!.. je les détestais! je les déteste encor.

LE COMTE.

Et quand j'étais malade, inquiet, en prières,
Vous restiez, à genoux, pendant ces nuits entières ?

LA MARQUISE.

Quand vous étiez malade !.. Ah ! quelle angoisse... mais...
Si je m'en souviens bien, vous ne l'étiez jamais.

LE COMTE, d'un air triomphant.

Et vous ne m'aimez plus ?

LA MARQUISE.

Plus du tout.

LE COMTE.

Je respire.

LA MARQUISE.

L'amour le plus puissant voit tomber son empire.
Cette fièvre de feu finit par se calmer.

LE COMTE.

Comment avez-vous fait pour cesser de m'aimer ?

LA MARQUISE, riant.

Ah ! ah ! ah !.. L'insolent !

LE COMTE.

Dites, hein ?

LA MARQUISE.

Patience,
Je vais vous révéler cette belle science.
D'abord j'ai tant souffert que j'ai failli mourir.
Oh ! moi ! quand je m'y mets, je sais si bien souffrir.
Tout ce que j'ai d'ardeur, d'esprit et de pensée,
Sert à mieux déchirer ma pauvre âme blessée.
Et comme on y voit mieux avec un œil perçant,
De même on souffre plus avec un cœur puissant.
Bref, je vous ai pleuré pendant toute une année.

LE COMTE.

C'est long !

LA MARQUISE.

Très-long.

LE COMTE.

Mais vous, vous êtes obstinée.

LA MARQUISE.

Mon cœur dans son chagrin s'abîmait tout entier.
Chaque jour, mon humeur, mon caractère altier,
Devenaient plus amers, plus âpres, plus sauvages ;
J'aimais de ma douleur jusques à ses ravages,

Paraître pâle, maigre, était mon seul désir ;
Quand on me trouvait laide on me faisait plaisir.

LE COMTE.

Oh ! non, ça c'est trop fort. Je veux qu'on reste belle.

LA MARQUISE.

Rien ne pouvait calmer ce désespoir rebelle.
Quelquefois envers vous je me croyais des torts...
J'avais de ma vertu de coupables remords...
Dieu sait où m'entrainait cette pensée affreuse...
Si, par un coup du sort, une influence heureuse
N'était, fort à propos, venue à mon secours.

LE COMTE.

Et sans cet à-propos vous m'aimeriez toujours ?

LA MARQUISE.

Peut-être bien.

LE COMTE.

Quelle est cette prudente amie
Par qui votre raison fut sitôt raffermie ?..

LA MARQUISE.

Une amie ?.. Ah ! vraiment vous me faites pitié :
L'amour fut-il jamais guéri par l'amitié ?

LE COMTE.

Un enfant ?.. un vieillard ?

LA MARQUISE.

Non, c'était un jeune homme.

LE COMTE.

Je n'ose... demander...

LA MARQUISE.

Quoi ?..

LE COMTE.

Comment il se nomme :
J'ai peur d'être indiscret, je crains votre courroux.

LA MARQUISE.

Bah ! demandez toujours...

LE COMTE.

Ce jeune homme ?

LA MARQUISE.

C'est vous ?

LE COMTE.

Moi !... mais qu'ai-je donc fait ?

LA MARQUISE.

Rien, rien, très-peu de chose.

Vous avez compromis une danseuse...
LE COMTE.
Ah! Rose...
Une petite blonde avec de grands yeux noirs.
LA MARQUISE.
Vous alliez sans façon l'applaudir tous les soirs ;
Et moi, pendant ce temps... O folles que nous sommes !
Mais c'est toujours ainsi, tel est l'amour des hommes :
Ils s'amusent, pendant que nous mourons pour eux.
LE COMTE.
Il faut me pardonner j'étais si malheureux !
LA MARQUISE.
Mais parlons d'aujourd'hui. D'où vous vient cette crainte?
Car tout en vous trahit l'angoisse et la contrainte.
Pourquoi tant rechercher ce que j'ai pu souffrir...
Auriez-vous, par hasard, quelque amour à guérir?
LE COMTE, cherchant.
Juste!... j'ai... nous avons une nièce... charmante,
Éprise d'un Anglais... Cet amour nous tourmente...
LA MARQUISE.
Un Anglais!..
LE COMTE.
Cet amour... change tous nos projets...
C'est pourquoi sur l'amour je vous interrogeais.
LA MARQUISE.
Je comprends très-bien.
LE COMTE.
Mais... c'est encore un mystère.
LA MARQUISE.
Vous voulez l'empêcher d'aller en Angleterre...
LE COMTE.
C'est cela... nous voulons la garder près de nous.
LA MARQUISE.
Dieu! qu'on devient... naïf... sitôt qu'on est jaloux!..
Il croit que je le crois!..
LE COMTE.
Que dites-vous, Madame?
Jaloux! moi?
LA MARQUISE.
Vous.

LE COMTE.

Jaloux!.. de qui?

LA MARQUISE.

De votre femme.

LE COMTE.

Ça se voit donc?

LA MARQUISE.

Sans doute, et... vous avez raison.

LE COMTE.

Raison! Connaissez-vous déjà leur trahison?

LA MARQUISE.

Non, non, rassurez-vous, je respecte mon hôte,
Mais je gagerais bien...

LE COMTE.

Quoi?..

LA MARQUISE.

Que c'est votre faute.

LE COMTE.

Peut-être... J'aurais dû l'éloigner prudemment...
Comment le trouvez-vous... lui?..

LA MARQUISE.

Charmant.

LE COMTE.

Ah!..

LA MARQUISE.

Charmant.

LE COMTE.

Alors, vous comprenez tout de suite qu'on l'aime?..

LA MARQUISE.

Je comprendrais bien mieux qu'on vous aimât vous-même :
Et je voudrais savoir comment vous avez fait
Pour ne pas lui sembler noble, divin, parfait...
Qu'on ne vous aime pas, pour moi, c'est un prodige;
Et vous avez commis quelque crime, vous dis-je :
Laurence a de l'esprit elle a dû vous aimer.

LE COMTE.

Son amour s'est éteint.

LA MARQUISE.

On peut le rallumer.

LE COMTE, avec joie.

Vous croyez?..

SCÈNE X.

LA MARQUISE.

La voici. Bien, je reste près d'elle ;
Allez, je vous rendrai votre chère infidèle...

LE COMTE.

Ce bonheur...

LA MARQUISE.

J'y mettrai pour vous tous mes efforts.
Ah ! je puis vous donner celui-là sans remords.

SCÈNE IX.

LA MARQUISE, seule.

Elle ne l'aime pas !.. Oh ! la petite sotte !..
Non, le coupable ici, c'est lui, tout le dénote...
Je le trouve pourtant plus charmant que jamais.
Comme il est bien, jaloux !.. Hélas ! quand je l'aimais !
Eh ! ne réveillons pas ma tendresse endormie :
Je l'admire un peu trop pour une vieille amie.
Mais c'est qu'aussi... cela me paraît révoltant
Qu'elle l'aime si peu quand moi je l'aimais tant.
Allons vite, chassons ce démon de mon âme.
Et d'ailleurs puisqu'il est amoureux de sa femme !

SCÈNE X.

LA MARQUISE, LAURENCE.

LAURENCE.

Madame, hâtez-vous, Justin part à l'instant
Pour Arcueil, et ce sont vos ordres qu'il attend...
Vous hésitez encore ?.. Pourquoi ?.. qui vous arrête ?

LA MARQUISE.

Ma fille...

LAURENCE.

Écrivez-lui ; je me fais une fête
De voir cette beauté, cet astre sans pareil ;
Comme elle enchantera demain votre réveil !

LA MARQUISE.

Demain, à mon réveil, je la verrai sans doute,
Mais pas ici ; ce soir je me remets en route...

LAURENCE.

Oh! que c'est mal!.. Déjà vous voulez repartir?

LA MARQUISE.

Je crains d'être indiscrète... et de me ressentir
Un jour...

LAURENCE.

Vous ne pouvez jamais être indiscrète ;
De grâce, écrivez-lui ; sa chambre est toute prête...
Une vue admirable, un immense horizon ;
Le site le plus beau de toute la maison.

LA MARQUISE.

Croyez...

LAURENCE.

Pardonnez-moi, Madame, si j'insiste ;
Mais déjà, grâce à vous, notre vie est moins triste.
La gêne se dissipe à votre douce voix,
Et j'ai ri ce matin pour la première fois.
Soyez bonne, envoyez Justin et son message
A votre fille.

LA MARQUISE.

Non ; je pars, et c'est plus sage.

LAURENCE.

Mais pourquoi? quel motif?..

LA MARQUISE.

Vous me poussez à bout.
Prenez garde... je suis femme à vous dire tout...
Et vous vous fâcherez?..

LAURENCE.

Fâchez-moi donc, qu'importe?

LA MARQUISE.

Je m'en vais... pour... ne pas être mise à la porte.

LAURENCE.

Vous vous moquez?..

LA MARQUISE.

Hélas! je suis de bonne foi.
Je dois fuir ce château ; l'air n'y vaut rien pour moi...
Par mille souvenirs je m'y sens poursuivie...
Vous me demandez là le secret de ma vie...
Un amour sans espoir, bravement combattu...
La fuite, je l'avoue, est toute ma vertu.
Je veux partir... l'honneur a dicté ma conduite ;

Excusez ces aveux où vous m'avez réduite.
A ce danger mon cœur ne s'est point aguerri...
Madame, laissez-moi fuir...

LAURENCE.
Qui?

LA MARQUISE.
Votre mari.

Je l'aime!..

LAURENCE.
Mon mari!

LA MARQUISE.
Je l'aimais.

LAURENCE.
C'est étrange.

LA MARQUISE.
Il est si séduisant!..

LAURENCE.
Mon mari?
(A part.)
Comme on change!

LA MARQUISE, à part, observant Laurence.
Pas le moindre dépit, pas le moindre embarras!
Elle n'est point jalouse, elle ne l'aime pas.
(Haut.)
Son esprit merveilleux, son élégance extrême,
Que chacun admirait, me frappèrent moi-même :
Les plus fières vertus subissaient son pouvoir;
Moi, je n'ai triomphé qu'en cessant de le voir...
Et pour moi sa présence est toujours dangereuse.
Adieu, ma chère enfant. Vous êtes bien heureuse
De pouvoir le chérir à la face du jour.
Il est beau le devoir qui commande l'amour...

LAURENCE.
Heureuse! Ah! dans mon cœur, que ne savez-vous lire...
Mais, Madame, avec vous je puis bien en médire,
Puisque vous l'aimez.

LA MARQUISE.
Soit, contez-moi vos chagrins.
Pour lui vous me semblez presque injuste... et je crains...

LAURENCE.
Comme vous, son esprit m'avait d'abord frappée,
Et j'espérais l'aimer... Mais je me suis trompée.

Mon rêve de bonheur s'est bientôt défleuri,
Car déjà tout enfant j'adorais mon mari ;
Le brillant avenir qui me montait la tête,
C'était l'amour permis et le roman honnête ;
C'était de vivre seuls ensemble, au coin du feu ;
C'était d'aimer beaucoup et d'être aimée .. un peu.
Je ne demandais point une passion folle,
Mais cet accent du cœur dans la moindre parole,
Ce sourire attendri, ce regard fier et doux
Qu'un amour protecteur laisse tomber sur vous ;
Cette précaution, inquiète, empressée,
Ce transparent souci d'une ardente pensée
Qui vous révèle tout en ne vous disant rien...

LA MARQUISE, à part.
C'est l'amour de Fernand qu'elle dépeint si bien.

LAURENCE.
Et monsieur d'Hauterive est loin de cette image.
Moi... j'aurais tant aimé mon mari. Quel dommage !
Mais...

LA MARQUISE.
    Mais?...

LAURENCE.
        Lui...

LA MARQUISE.
    Lui ?

LAURENCE.
        Madame...

LA MARQUISE.
                Eh bien ! commencez donc !
Dites tous ses défauts, ce ne sera pas long.
Vous n'osez !.. C'est à moi de rompre le silence...
On l'accuse à bon droit d'un peu de violence :
Il est d'un caractère irritable, emporté...

LAURENCE.
Mon mari !..

LA MARQUISE.
        J'en conviens !.. Mais sans méchanceté.
Oh ! pour être méchant, il aime trop à plaire,
Et le moindre sourire apaise sa colère.
Il est, dans ses propos, léger et trop hardi ;
Il est capricieux, vain, moqueur, étourdi...

LAURENCE.

Mon mari!.. C'est de lui que vous parlez, Madame?..
Mais alors il s'est fait tout autre pour sa femme.
Ce n'est plus son portrait...

LA MARQUISE.

Cela devient plaisant!
S'il est ainsi changé, tout s'explique à présent.

LAURENCE.

Lui, s'emporter?.. Mais c'est l'indifférence même;
C'est un esprit posé, c'est un homme à système.

LA MARQUISE.

Edgard!..

LAURENCE.

Ces beaux dandys, ces fameux séducteurs,
Ne sont plus, mariés, que d'ennuyeux tuteurs.
Ils méprisent l'amour, ils font les bons apôtres,
Ils ne savaient aimer que les femmes des autres;
Et pour nous ils n'ont plus, pour nous qui les aimons,
Que de pédants conseils, que d'éternels sermons.
Ils nous vantent toujours les devoirs du ménage!..
On peut bien s'occuper de toilette à mon âge.
Eh bien! pour ma parure il n'a pas un regard;
Il dit qu'il n'aime pas les longs cheveux!..

LA MARQUISE.

Edgard?..

LAURENCE.

Quand je parle d'amour, il se révolte presque,
Il me gronde, il me dit que je suis romanesque,
Qu'il faut se défier d'un cœur trop exalté,
Et que la passion nuit à la dignité.

LA MARQUISE.

Edgard?..

LAURENCE.

Il me fait peur, et près de lui je tremble;
Et puis, il est si froid quand nous sommes ensemble!..

LA MARQUISE.

Edgard?.. Ah! mon enfant, je n'y comprends plus rien,
Et cet affreux portrait n'a pas un trait du mien.

LAURENCE, riant.

Mais voyez donc un peu, voyez ce qu'il arrive.
Que nous avons chacune un monsieur d'Hauterive.

LA MARQUISE.

Je déteste le vôtre... il est très-ennuyeux.

LAURENCE.

Vous avez bien raison ; le vôtre me plaît mieux.

LA MARQUISE.

Je vous le cède... Allons, tâchez de le reprendre.
Tous ces charmants défauts, tâchez de les lui rendre.
Ah ! si vous le voyiez, ému comme autrefois !
Quel feu dans ses regards, quel trouble dans sa voix !

LAURENCE.

Il vous a donc aimée ?

LA MARQUISE.

Aimée à la folie !

LAURENCE.

Mon mari !

LA MARQUISE.

Dans ce temps, j'étais assez jolie.

LAURENCE, avec émotion.

Vous l'êtes encor trop !

LA MARQUISE, à part.

Enfin, nous y voilà !..

(Haut. — Laurence lui tourne le dos et ne peut cacher son impatience.

De nos tristes adieux rien ne me consola...

LAURENCE.

Mais !..

LA MARQUISE.

Quatre ans j'ai vécu de ma douleur secrète.
Quatre ans son souvenir a peuplé ma retraite,
Et j'éprouve à sa voix, malgré vous et ses torts,
Le même enchantement que j'éprouvais alors.
J'ai voulu l'oublier pour d'autres, je l'avoue...
Ah ! de nos vains efforts, comme l'amour se joue !
Les autres... m'ennuyaient, et, pour mon désespoir,
Ses rivaux ne servaient qu'à le faire valoir.
Ils avaient cet esprit railleur du faux artiste.
Ce rire d'envieux que je trouve si triste,
Ce regard malveillant, prompt à tout dénigrer,
Qui louche de dépit dès qu'il faut admirer.
Aucun ne possédait ce caractère étrange,
De contrastes heureux incroyable mélange :
Ce vif enthousiasme, avec cette gaité,

Cette forte raison dans ce cœur agité,
Cette ardeur, ce sang-froid dans la même nature ;
Et puis, tant de finesse avec tant de droiture !
Même ses détracteurs, et les plus acharnés,
Attestent sa franchise...

LAURENCE.

Oh !

LA MARQUISE.

Vous en convenez !
Il ne professe pas l'honneur, il le pratique ;
Il est de même en tout ; voyez en politique,
Il ne déclame pas de mots à grands effets,
Il tient tous les serments que les autres ont faits.
Il est brave !..

LAURENCE, avec émotion.

Ah ! c'est vrai, très-brave !

LA MARQUISE.

Et sans fanfare ;
C'est une qualité qui devient assez rare.
Il est bon !.. Que de bien il fait tout en riant,
Car il est généreux comme un roi... d'Orient.
Et quand il daigne aimer, quelle noble tristesse !
Quel silence éloquent dans sa délicatesse !..
Lui, lui, pour s'expliquer, ne disait rien non plus :
Avec de tels regards, les mots sont superflus...
Cet amour pur était si plein de poésie !
Mais moi, je n'excitai jamais sa jalousie...
Tandis que vous déjà...

LAURENCE, vivement.

Moi ! moi ! que dites-vous ?

LA MARQUISE.

Rien !.. rien !
(Laurence la prie avec instance.)
Je dis qu'il est horriblement jaloux,
Qu'il a complétement renié son système,
Qu'il est très-malheureux...

LAURENCE, avec joie.

Malheureux !

LA MARQUISE.

Qu'il vous aime !

LAURENCE, très-contente.

Malheureux !

LA MARQUISE.

Sa tristesse aurait dû vous saisir.

LAURENCE.

Bah ! vous dites cela pour me faire plaisir.

LA MARQUISE.

Non, il est inquiet, chagrin, sans flatterie...
Quelqu'un vient de passer dans cette galerie...

LAURENCE.

Oui, monsieur d'Hauterive...

LA MARQUISE.

Il est avec Fernand.

LAURENCE.

C'est de lui !.. n'est-ce pas ?..

(La marquise fait un signe que oui.)

LA MARQUISE.

Regardez maintenant,
Quelle pâleur ! quel air découragé !

LAURENCE.

Je tremble,
Madame, est-il prudent de les laisser ensemble ?..
On les dirait tous deux prêts à se quereller.

LA MARQUISE.

Venez, il ne faut pas encore nous en mêler.
D'ici nous entendrons leur voix par la fenêtre,
Et nous jugerons bien quand il faudra paraître.

(Elles sortent d'un air inquiet.)

SCÈNE XI.

LE COMTE, FERNAND.

FERNAND.

Ce sera ridicule et laid... c'est mon avis.

LE COMTE.

Vois, en rétablissant là-bas le pont-levis,
Je rends à ce côté son aspect moyen âge,
Et d'ailleurs les voleurs...

FERNAND.

Ils viendront à la nage ;

Des murs et des fossés ils ont toujours raison ;
Les voleurs, mieux que nous, connaissent la maison.
Et puis, un pont-levis n’est plus de notre époque.

LE COMTE.

Bah !

FERNAND.

C’est un vieux joujou dont le peuple se moque.

LE COMTE.

Fort bien ! monsieur le duc veut faire le tribun !

FERNAND.

Duc !.. ça n’empêche pas d’avoir le sens commun ;
Mais ce titre de duc, ce mot dans votre bouche
Semble un reproche !.. Eh bien, ce reproche me touche.
Je le dis franchement... Vous l’ai-je demandé,
Ce titre ?.. Alors pourquoi ne l’avoir pas gardé ?
Rien pour moi, rien ne vaut une parole amère...
Vous héritiez aussi de l’oncle de ma mère ;
Pourquoi m’avoir cédé ce titre et ses profits ?

LE COMTE.

Parce que je t’aimais, Fernand, comme mon fils.
Allons, ne vas-tu pas déposer ta couronne ?
Tu n’es pas doux, ce soir... Mais je te le pardonne...
Car je suis, comme toi, très-maussade aujourd’hui.
Ah ! c’est que nous avons tous deux le même ennui !..

FERNAND.

Quoi ?

LE COMTE.

Le même tourment nous dévore dans l’âme.
Nous sommes tous les deux amoureux... de... ma femme...
Oh ! ne t’alarme pas, Fernand de Charlesval,
Mon cousin, mon pupille est un digne rival.

FERNAND.

Pouvez-vous donc penser...

LE COMTE.

Ce qui gâte l’affaire
C’est que... ce n’est pas moi que ma femme préfère.

FERNAND.

La malice est plaisante, et vous vous moquez bien.

LE COMTE.

Non, ma foi, votre lot est meilleur que le mien.

FERNAND.

Elle m'aime !..

LE COMTE.

Oh ! calmez ce transport un peu tendre !..
Je ne vous ai pas dit cela pour vous l'apprendre,
Mais pour que vous sachiez, Monsieur, que je le sais.

FERNAND.

J'ai compris. Par ce mot cruel, vous me chassez;
Je partirai ce soir...

LE COMTE.

C'est ce qu'on vous demande.

FERNAND.

Mais bientôt vous verrez que votre erreur est grande;
Sa bienveillance, hélas ! n'est qu'un triste retour;
Elle ne m'aime pas... elle aime mon amour.

LE COMTE.

Noble amour, en effet, qui parle avec courage !..

FERNAND.

Vous pouvez l'admirer, car il est votre ouvrage.
Vous seul !

LE COMTE.

De tant d'audace, à la fin, je suis las,
C'est trop...

(Il marche vers lui pour l'insulter.)

FERNAND, prêt à éclater.

Je vous dois tout!.. Mais ne l'oubliez pas!..

LE COMTE.

Eh ! n'est-ce pas ta faute, ingrat, si je l'oublie?

FERNAND.

Par ce cher souvenir qui nous réconcilie,
De grâce, écoutez-moi, quittez cet air moqueur,
Et laissez vos regards pénétrer dans mon cœur.
Comment aurais-je osé jamais m'occuper d'elle,
Quand vous, des élégants, le type, le modèle,
Vous l'aimez, vous !..

LE COMTE.

Ici, je dois vous arrêter :
Vous pouvez me trahir, mais non pas me flatter.

FERNAND.

Je ne relève pas cette pauvre épigramme.

Bref, ne m'attendant guère à plaindre votre femme,
Ce fut, je le confesse, avec étonnement
Que je la vis, chez vous, vivre si tristement ;
Je la trouvais là, seule, en larmes, à toute heure,
Comment ne pas aimer une femme qui pleure ?
Je souffrais de sa peine, et, pour la consoler,
Je ne lui disais rien ; mais souffrir, c'est parler.
De cet accord muet n'accusez que vous-même.
Toute femme oubliée appartient à qui l'aime.
C'est l'instinct du secours, c'est la commune loi.
L'ardeur de ma pitié l'attirait malgré moi.
Mais je le dis encor... Permettez que j'achève :
Elle ne m'aime pas, et c'est vous qu'elle... rêve.
Oui, c'est ainsi toujours. Le rêve favori
D'une fille bien née, est d'aimer son mari :
Son cœur loyal et fier par le devoir s'attache.
Vivre en femme d'honneur, laisser un nom sans tache,
C'est l'idéal orgueil de son jeune avenir.
Les serments qu'elle fait lui plaisent à tenir.
Y manquer la première !.. elle en est incapable.
Accuser le mari quand la femme est coupable,
C'est qu'elle a respiré l'air de la trahison,
C'est que la jalousie a troublé sa raison,
C'est qu'elle a dépensé ses forces dans la lutte,
C'est qu'on a préparé l'abîme pour sa chute :
Les lis brisés sont ceux que l'on voit se flétrir ;
Les cœurs pervers sont ceux qu'on a fait trop souffrir !

LE COMTE, avec ironie.

Bravo !

FERNAND.

Je sais qu'il est de méchantes natures,
Des femmes sans pudeur, friandes d'impostures,
Qui trouvent dans la fraude un assaisonnement,
Et qui s'ennuyeraient fort d'aimer honnêtement.
Mais Laurence n'a rien de ces âmes vulgaires,
Le prestige du mal ne la fascine guères.
Pour moi, je n'ai jamais compris l'instinct du mal,
Cet invincible attrait de l'amour immoral...
Je hais ces embarras où la fraude nous plonge ;
J'ai déjà trop d'orgueil pour goûter le mensonge.
Ce sont les faux amours qu'excite le péché,

Et jamais, par plaisir, vrai joueur n'a triché !
Ces goûts si dépravés cachent quelques misères;
Ce n'est point là le fait des passions sincères..
Non; le fruit défendu, comme vous le nommez,
N'est jamais, croyez moi, le fruit des affamés.
Tous les sentiments forts sont purs de leur essence,
Et la corruption, c'est toujours l'impuissance.

LE COMTE.

Ah çà! mais vous parlez comme un petit docteur.
Depuis quand, mon pupille, êtes-vous mon tuteur?
Si jeune, vous savez mieux que moi toute chose
Déjà...

FERNAND.

  C'est que le temps jamais ne se repose.
Nous sommes jeunes, nous, mais notre siècle est vieux,
Nous vivons des secrets qu'ont trouvés nos aïeux;
Leurs découvertes sont une lourde conquête;
Six mille ans de savoir pèsent sur notre tête,
Et si l'esprit des morts fait l'esprit des vivants,
Les plus jeunes seront toujours les plus savants.
Puis un ardent souci que chaque jour augmente,
La fièvre d'avenir, comme un mal, nous tourmente.
Déjà, nous préparant aux orages prédits,
Nous n'avons pas le temps d'être des étourdis...
Nous vivrons moins que vous, et peu de jours peut-être;
Mais déjà nous avons le secret de notre être.
Nous prenons en pitié vos jeux d'enfants gâtés ;
Nous marchons droit au but, libres de vanités.
Vos succès de roués n'ont rien qui nous amuse :
Nous ne révérons pas l'Ecole de la Ruse.
Nous ne comprenons pas qu'on mette son honneur
A mentir, et qu'on aime à voler son bonheur...
Tout jeunes, nous savons le vrai mot de la vie,
Nous savons qu'ici-bas rien ne vaut notre envie
Que trois choses... splendeurs du terrestre séjour,
Que trois choses : les arts, la nature et l'amour !
Et nous ne voulons pas perdre une heure féconde,
A chercher d'autres biens dans les trésors du monde.

LE COMTE.

Mon cher, tu fais honneur à mon enseignement,
Et tu m'as rassuré, ma foi! complétement.

J'accepte la leçon, que je trouve hardie.
FERNAND.

Je vous écoute peu, mais je vous étudie,
Et lorsque je vous vois, si bon, si généreux,
Si grand, je vous en veux de n'être pas heureux.
Ce sont vos préjugés d'élégants que j'accuse.
LE COMTE.

J'ai retenu le mot : l'École de la Ruse !
Oui, tu m'as converti, je vois que mes chagrins
Viennent d'un naturel trop bon que je contraints ;
Mais pour bien gouverner, pour gouverner en maître,
Il faut être sévère, ou du moins le paraître.
FERNAND.

Vous voulez gouverner?.. Aimez donc franchement ;
L'amour est le secret d'un bon gouvernement.
Mais, vous autres maris, l'amour vous épouvante ;
L'idéal de la femme est pour vous la servante!..
Si le vin est bien frais et le dîner bien chaud,
Vous vous dîtes heureux... c'est tout ce qu'il vous faut.
Ce que vous appelez une excellente femme,
C'est une ménagère ennuyeuse et sans âme.
Elle rêvait amour, vous parlez amitié ;
Vous glacez son esprit et son cœur sans pitié.
Vous vous sacrifiez à votre faux système.
Vous la désenchantez vous-même de vous-même ;
Puis, vous vous étonnez si votre femme un jour,
Reprend chez vous, sans vous, ses doux rêves d'amour.
LE COMTE.

Vas-tu recommencer encor notre querelle?
FERNAND, souriant.

Non... Vous aimez Laurence?.. Alors pourquoi contre elle
Vous armez-vous toujours de ce sang-froid trompeur?
LE COMTE.

C'est qu'elle est ravissante...
FERNAND.
Eh bien?
LE COMTE.

Ça me fait peur.

C'est qu'elle a de l'esprit à tourner une tête.
FERNAND.

Eh bien?

LE COMTE.

Eh bien ! mon cher, j'ai peur d'avoir l'air bête.
Un mari troubadour à cet air est enclin.

FERNAND.

Eh ! les maris trompés ont donc l'air bien malin ?

LE COMTE.

Quelquefois... Je le sens, je n'étais qu'un faux brave ;
Je me faisais tyran pour n'être pas esclave...
Je change de système ; au fait, il est plus doux
D'être l'esclave aimé que le tyran jaloux.

FERNAND.

Vous ne m'en voulez plus ?

LE COMTE.

Non, de ce mauvais rêve,
Je m'éveille ; et je suis très-fier de mon élève.
C'est en me surpassant qu'il reconnaît mes soins ;
Ce que je voulais être, il le sera, du moins.
On peut en le louant, me rendre cet hommage :
Je l'ai fait à mon goût, et non à mon image,
Fernand !..

FERNAND.

Vous voir heureux est mon plus cher désir.

LE COMTE.

Va-t'en donc vite et loin, tu me feras plaisir.

FERNAND.

Je pars ; mais, loin de vous et dans la solitude,
Qui me consolera ?

LE COMTE.

La nature et l'étude ;
En attendant l'amour qui reviendra pour toi.

FERNAND, avec tristesse.

Oh ! qui peut m'assister par un bon conseil ?..

SCÈNE XII.

LE COMTE, FERNAND, LA MARQUISE, LAURENCE.

(Laurence et la marquise paraissent à la porte-fenêtre du jardin.)

LAURENCE.

Moi !..

LE COMTE, à la marquise.

Vous étiez là Madame?

LA MARQUISE.

Oui, dans la grande allée.
Le vent nous apportait sa voix... un peu troublée...
Sans vouloir écouter, nous avons entendu.

FERNAND, à part.

Je n'en suis pas fâché.

LE COMTE.

Mon cher, je suis perdu.

FERNAND, à Laurence.

Oh Dieu! ce bon conseil, donnez-le, je vous prie.
Que vais-je devenir ?

LAURENCE.

Fernand, je vous marie.

LE COMTE.

Je goûte ce projet, je le trouve moral.

LAURENCE.

Il est jeune, il est riche, et duc de Charlesval.

FERNAND.

Par vous.

LAURENCE.

Chacun déjà proclame son mérite.

LE COMTE.

Oui!..

LAURENCE.

Je veux lui donner pour femme... Marguerite.

LE COMTE.

Sa fille!.. C'est parfait.

LAURENCE, à Fernand, montrant la marquise.

J'ai son consentement.

LE COMTE, à la marquise qui semble dire, pas tout à fait.

Tant pis!.. Vous m'avez dit qu'il était si charmant!..

LAURENCE, au comte.

Cette idée est de moi, la trouvez-vous mauvaise ?

LE COMTE, tendrement.

Non!..

LA MARQUISE.

Mais encor faut-il que ma fille lui plaise.

FERNAND.

Je la connais.

LA MARQUISE, bas à Laurence.

Voyez quel est mon embarras...
C'est un parti superbe, et vous n'y pensez pas !..

LAURENCE, lui tendant la main.

Si fait, et c'est bien là le fond de ma pensée.

LE COMTE.

Ainsi donc la vertu sera récompensée.

(A Laurence.)

Le crime sera-t-il puni sévèrement?

LAURENCE.

Non, on vous laissera le choix du châtiment.
Ah! vous êtes aimable! et je l'apprends par d'autres!

LE COMTE.

Je reconnais mes torts...

LAURENCE.

Edgard, dites les nôtres.
Vous n'aviez pas pour moi l'amour qui m'était dû ;
Mais, par un sot dépit, je vous ai répondu,
Et nous sommes tombés dans le piége ordinaire,
Vous, vieux maître d'école, et moi pensionnaire.
Reprenons donc chacun notre rôle chéri,
Moi femme raisonnable et vous, jeune mari.

(Fernand vient dire adieu à Laurence : le comte et la marquise causent
ensemble.)

LAURENCE.

Adieu, Fernand.

FERNAND.

Adieu. Je vous quitte, Laurence,
Le cœur plein de regrets, mais aussi d'espérance.
Je puis me pardonner mon audace d'un jour,
Puisqu'à mon fol amour vous devez son amour.

LE COMTE, à la marquise.

A leurs touchants adieux, permettez que j'assiste;
Voyez comme elle est pâle... et lui, comme il est triste!..
Ouaih!.. nos soins, nos efforts, seraient-ils superflus?
Madame!.. est-ce bien vrai que vous ne m'aimez plus?

LA MARQUISE, riant.

Plus...

LAURENCE.

D'honneur ?...

LA MARQUISE.

Je le jure en mère de famille.

LE COMTE.

Quel gage donnez-vous ?

LA MARQUISE.

Le bonheur de ma fille.

(Montrant le comte.)

Fernand, que son erreur vous serve de leçon ;
Je vous donne ma fille, aimez-la sans façon.
Retenez bien ceci, Messieurs et vous, Mesdames :
« Ce sont les bons maris qui font les bonnes femmes. »

FIN.

LAGNY. — Imprimerie de VIALAT.